LÉGENDE BIOGRAPHIQUE
DE SAINTE AURE

ABBESSE

PAR

M. L'ABBÉ A. DENYS, Curé

DE LA PAROISSE DE SAINT-ÉLOI, AU FAUBOURG SAINT-ANTOINE

PARIS

LIBRAIRIE LITURGIQUE-CATHOLIQUE

L. LESORT

RUE DE GRENELLE-SAINT-GERMAIN, 3

—

ET CHEZ L'AUTEUR
RUE DE REUILLY, 36

LÉGENDE BIOGRAPHIQUE

DE SAINTE AURE,

ABBESSE,

SECONDE PATRONE DE LA PAROISSE DE SAINT ÉLOI.

Sous le règne du roi Dagobert Ier, l'un des plus grands
souverains de France, aborda dans son empire, une jeune
étrangère, issue de parents de la plus noble distinction
dans cette partie d'Orient qu'on appelle Syrie. Dieu avait
sur elle des vues de bénédiction. Elle se nommait Aure ;
elle avait traversé les mers pour s'y rendre, car elle était
née dans un bien lointain pays, mais elle devait y être ap-
pelée à de hautes et saintes destinées. Aure avait reçu en
naissant une heureuse inclination à la vertu qui était comme
héréditaire dans sa famille. Son père s'appelait Maurin et sa
mère Quirie. Ils tenaient le premier rang dans leur patrie,
par la fortune aussi bien que par la naissance et les titres.

Dès sa plus tendre jeunesse, Aure mettait ses plus
douces complaisances à répandre d'abondantes aumônes
autour d'elle, afin de soulager tous les genres d'infortune
qu'elle pouvait connaître. Elle s'appliquait à persévérer
dans les veilles, l'oraison, le jeûne et l'exercice continuel
de toutes sortes de bonnes œuvres. On la voyait faire de
fréquentes visites aux églises, afin d'y prier et d'y chanter

les louanges de Dieu. Elle aimait à rendre aux ministres de J.-C. des services dont ils avaient besoin et à les aider dans les fonctions de leur ministère de charité. Sa vie, en un mot, n'était qu'un perpétuel élan d'amour dans la pratique constante des commandements du Seigneur.

Un jour où elle assistait au saint Sacrifice, elle fut frappée de ce passage du saint Évangile : « Si vous voulez être « parfait, allez, vendez tout ce que vous avez, donnez-le « aux pauvres et venez à ma suite. En vérité, en vérité, je « vous le dis, vous aurez le centuple de ce que vous aurez « laissé par amour de moi, pour me suivre, et, en outre, « vous posséderez la vie éternelle. »

La jeune princesse, sentit aussitôt son âme s'embraser des saintes ardeurs de l'amour divin. Dès lors, afin de se rendre digne des promesses du Sauveur, elle se consacra plus spécialement au service de Dieu. A dater de ce jour, elle résolut de vivre désormais dans la plus entière abnégation, de s'éloigner du pays qui l'avait vue naître, d'abandonner sa haute position sociale et de se retirer sur une terre étrangère pour y vivre ignorée.

Pourquoi tarderai-je, se disait-elle en elle-même, pourquoi tarderai-je à suivre les inspirations de la grâce ? Les instances, les larmes et l'amour de ses parents ne peuvent la retenir. Poussée par une force irrésistible au fond de son âme, entraînement en quelque sorte divin, ayant donc invoqué le saint nom de Dieu, elle part et s'embarque sur la mer, pleine de confiance en celui pour lequel elle abandonne tout et auquel elle se consacre sans réserve. La Providence la conduit vers la terre de France ; elle y débarque, et guidée par l'Esprit-Saint, elle arrive à Paris.

A cette époque, Éloi, ministre du roi Dagobert, aidé des libéralités de son souverain, fondait un monastère dans sa propre maison, près de l'église de Saint-Martial ; c'était en 631.

Le pieux ministre du roi vers lequel la main divine avait conduit, pour ainsi dire miraculeusement, la jeune étrangère, Aure, crut que la placer à la tête du monastère qu'il fondait, c'était remplir les intentions du Seigneur; il la nomma donc supérieure de sa communauté naissante, et bientôt la fervente religieuse se vit à la tête de trois cents vierges chrétiennes dont elle fut créée l'abbesse.

L'homme de Dieu qui exerçait une si grande influence dans les conseils de son souverain dont il était l'âme et le grand initiateur, ne s'en préoccupait pas moins activement du soin de ses chères filles en J.-C. Il surveillait leur direction avec une sollicitude sans cesse en haleine, afin de les accoutumer à observer leur règle avec la plus grande fidélité. Il pourvoyait comme un tendre père à tout ce qui leur était nécessaire. Il leur procura de vastes terrains, afin d'y construire un monastère plus important que sa maison, si considérable qu'elle fût, car, depuis longtemps déjà, elle était trop petite. Il y établit une bibliothèque nombreuse et choisie. Il s'était, en outre, chargé de leur fournir des vêtements convenables. En un mot, le digne et saint protecteur de ces bonnes et édifiantes servantes du Seigneur n'oubliait rien de ce qui pouvait leur être nécessaire.

Saint Éloi avait à peine satisfait aux diverses exigences de la situation, qu'il fut bientôt convaincu de la nécessité d'ajouter à ce nouveau monastère des terrains plus étendus, devenus indispensables à la communauté ; il les

demanda au roi, parce qu'ils appartenaient à l'État. Le roi,
comme toujours, accorda à son ministre ce qu'il lui avait
demandé ; mais alors, il s'est passé un fait qui ne fit qu'aug-
menter la bonne opinion que le roi avait de son ministre.
Ce fait qui est rapporté par tous les historiens. Éloi avait
lui-même mesuré le terrain qui lui avait été accordé, mais
quand la cession fut terminée, il voulut contrôler son
métrage ; dans cette nouvelle expertise, il reconnut qu'il
avait anticipé d'un pied sur les propriétés du roi, dans
lesquelles il lui avait été permis de prendre la portion
destinée au monastère.

Le digne serviteur de Dieu en conçut un tel sentiment
de tristesse qu'il alla immédiatement se jeter aux pieds du
généreux souverain pour lui témoigner son amer regret de
cette erreur, parce que, dans la simplicité de son âme, il
s'imaginait l'avoir trompé, lui qui n'avait jamais trompé
personne. Le roi se hâta de le rassurer, puis se tournant
aussitôt après, vers les officiers qui l'entouraient : « Voilà,
« dit-il, un témoignage nouveau des sentiments et des dis-
« positions de cet estimable serviteur de J.-C. Les chefs
« de nos armées et ceux qui forment mon cortége s'empa-
« rent d'étendues considérables de terrains, et ce valeu-
« reux soldat du fils de Dieu, mû par les sentiments de
« foi qu'il a en son divin chef, n'a pas même voulu garder
« sans ma permission un terrain des plus exigus. »

Dagobert, le magnanime souverain, fut si touché de la
démarche de son ministre dévoué qu'il doubla le terrain
qu'il lui avait primitivement accordé pour ses religieuses.
Cette extrême délicatesse de conscience est une preuve
nouvelle de la crainte que saint Éloi avait de commettre
la plus légère faute. Si sa grande fidélité le rendait digne

des faveurs célestes, elle lui attirait en même temps la vénération des hommes.

A la suite des nouvelles concessions du roi et d'acquisitions faites au nom de la communauté, à la demande de l'abbesse Aure, de concert avec elle, le fondateur du monastère fit construire, au delà du mur d'enceinte, dans cette partie actuelle de Paris qui se trouve à l'entrée du faubourg Saint-Antoine, sous le patronage de saint Paul, une église destinée à la sépulture de sa communauté. C'est maintenant l'église paroissiale de Saint-Paul et Saint-Louis, qui a été reconstruite au dix-septième siècle par les RR. PP. jésuites, et dans laquelle se trouvent les tombeaux de Bourdaloue et de ses plus célèbres confrères.

La pieuse abbesse avait les yeux si constamment ouverts sur les exemples de vertu et les mœurs angéliques du saint fondateur de sa communauté qu'elle s'efforçait de l'imiter en toutes choses. Aussi, pouvons-nous affirmer que si elle portait le nom d'Aure, *Aurea*, tous les actes de cette sainte fille resplendissaient de l'éclat de l'or, *quasi aurum fulgentes*.

La vénérable abbesse fut donc ainsi le modèle de ses sœurs qu'elle gouverna, pendant trente-trois ans, avec autant de prudence que de sainteté. On attribue à sainte Aure plusieurs faits merveilleux qui peuvent être considérés comme miraculeux. Ainsi par exemple, raconte saint Ouen, elle était en voyage pour les besoins de sa chère communauté, quand elle apprit la mort de l'une de ses sœurs, qui était son assistante, nommée Déde : elle en conçut une grande peine et se hâta de retourner à son monastère. Trois jours s'étaient écoulés depuis que Dieu avait appelé à lui cette âme angélique ; cependant, en l'absence de l'abbesse, ses compagnes n'avaient pas osé se permettre de l'ensevelir, ni même de lui prendre les clés de l'office dont elle était spécialement chargée. L'abbesse à son retour, s'empare des clés, mais il en manquait une, c'était celle du cellier dans lequel on renfermait les provisions. Quand on se fut épuisé en vaines recherches, la supérieure s'approcha de la morte, et l'appela par trois fois, en lui ordonnant au nom du Seigneur de lui répondre. Déde, Déde, Déde, s'écriait-elle, entendez ma voix et indiquez-moi le lieu où vous avez déposé la clef qui ne se retrouve plus.

Aussitôt qu'elle entendit cette voix qui lui était connue, et à laquelle elle avait l'habitude d'obéir, rapporte Quetif, l'un des auteurs de sa biographie, la religieuse qui était étendue sur son lit de mort, ouvrit les yeux, s'agita, reprit la vie, remit à sa supérieure la clé qui ne s'était pas retrouvée et lui rendit compte de toutes choses. Ce fait eut pour témoins toutes les religieuses du monastère. La sensation qu'il produisit sur toutes ces saintes servantes du Seigneur fut immense. Mais Dieu qui avait appelé Déde au sein de la gloire, ne voulut pas permettre qu'elle en fût privée plus longtemps ; sa sainte abbesse lui donna sa bénédiction et elle rentra dans son éternité de bonheur. Ce miracle raconté par tous les historiens, paraît appuyé sur des preuves authentiques et irrécusables. Nous nous sommes fait un devoir de le rapporter ici comme un fait qui ne peut qu'édifier et fortifier dans la foi.

Il est un autre fait miraculeux que nous ne croyons pas pouvoir omettre non plus, parce qu'il donne une nouvelle preuve de sa puissance auprès de Dieu ; voici l'histoire de ce fait telle qu'elle est racontée par Quetif. Un jour où la communauté, qui n'avait plus pour pourvoir aux besoins inattendus, le pontife fondateur que ses devoirs de pasteur retenaient dans son immense et si difficile diocèse, manquait de pain à l'heure du repas, c'était dans un temps de grande disette. Aure, l'abbesse, accablée de tristesse s'empressa d'aller en chercher au dehors. Elle s'adressa à toutes les boulangeries de la ville, mais inutilement. Cependant, à force de courir, elle trouva un boulanger qui lui dit, Dieu seul sait pour quel motif, qu'il pourrait lui donner du pain tout de suite, si elle pouvait refroidir son four encore tout rouge de feu.

Cet homme qui, en mettant cette condition à son engagement, croyait bien demander une chose impossible, fut renversé d'étonnement, quand, forte de sa promesse, il vit Aure ouvrir résolument le four, en conjurer les flammes, en éteindre les charbons ardents et sortir elle-même de ses mains délicates le pain qui lui avait été promis. A l'heure même, rapporte la chronique, toutes les cloches de la tourelle du monastère, que cependant personne n'agitait, sonnèrent d'elles-mêmes. Toutes les religieuses les entendirent distinctement et l'attestèrent. En même temps, on entendit mille voix inconnues qui rendaient à Dieu de solennelles actions de grâces par le chant du *Te Deum*. Aussitôt que l'abbesse fut de retour, la communauté entière put prendre son repas.

Malgré ce jour de détresse passagère, nous pouvons dire que quand le grand artiste, le ministre plein de sagesse du roi Dagobert fut devenu évêque, il n'en continua pas moins de veiller avec la plus tendre sollicitude sur sa communauté privilégiée et préférée. L'abbesse qu'il avait placée à sa tête, en particulier, fut constamment l'objet de ses soins de pasteur. D'après les conseils de son puissant protecteur, Aure avait ajouté à la communauté contemplative, un pensionnat de jeunes filles. C'est la première grande maison d'éducation, dirigée par des religieuses, qui ait été fondée à Paris. L'évêque de Noyon encourageait sa fille de prédilection dans son œuvre d'instruction. Il lui donnait des conseils dans lesquels se retrouvait l'immense supériorité dont il avait fait preuve dans tout ce qu'il avait fait ou entrepris. Aussi, le pensionnat de la communauté de saint Éloi prospéra-t-il et fut-il considéré comme un modèle à imiter, ainsi que celui des dames de Sainte-Clotilde, fondé au commencement de ce siècle sous le patronage de la même sainte Aure, par une ancienne religieuse de son ordre, dans la paroisse de Saint-Éloi, dans la rue de Reuilly, 99. Cependant, comme le temps emporte tout, même les hommes les plus éminents et les plus utiles, saint Éloi était mort chargé de mérites et de bonnes œuvres. Aure elle-même vieillissait, elle sentait que sa fin ne devait pas tarder à arriver, mais quelque temps avant que sa mort ne parût prochaine, saint Éloi qui ne vivait plus depuis longtemps, la fit avertir de se préparer à rendre à Dieu compte de son administration, ainsi qu'un grand nombre de ses religieuses. Voici comment l'avertissement lui fut donné, nous citons ici saint Ouen : En ce temps-là, une contagion cruelle dévastait la ville de Paris. Déjà quelques vierges du monastère fondé par le bienheureux et dont Aure était l'abbesse étaient retournées vers le Seigneur. Pendant que le terrible fléau exerçait ses ravages avec le plus de violence, saint Éloi apparut, un jour, à un jeune homme dans l'église du couvent, revêtu d'une robe blanche et la tête recouverte d'un pan de son habit : comme ce jeune homme frappé de terreur, cherchait à s'enfuir et à se cacher, le Saint lui parlant avec douceur et le rassurant, lui commanda d'aller sur-le-champ dire à la mère des vierges qu'elle se hâtât de venir le trouver avec d'autres religieuses.

Ce jeune homme courut aussitôt avertir Aure : « venez « vite, lui dit-il, parce que le seigneur Éloi vous attend « dans l'église. » En entendant ces paroles, l'abbesse, pleine de joie, se hâta de se rendre à l'église ; mais quand elle y entra, la vision était déjà évanouie, et l'église n'offrait d'autre preuve de la présence du Saint que comme un nuage qui la remplissait et qui avait inondé de rosée les lampes et les voiles dont elles étaient recouvertes, de telle sorte que l'on aurait dit qu'ils distillaient.

Alors rentrant en elle-même, Aure, comprit que Dieu l'appelait à lui hors de ce monde, et aussitôt, rassemblant toutes ses sœurs, elle leur fit ses adieux à chacune en particulier, désignant dans leur nombre celles qui devaient l'accompagner. Peu de temps après elle retourna au Seigneur, et elle fut suivie d'un si grand nombre de ses sœurs, qu'il mourût, dans ce temps-là, jusqu'à cent soixante religieuses dans ce monastère, toutes enlevées par la peste. Ce fut le 4 octobre 666 que mourut la bienheureuse Aure, abbesse du monastère fondé par saint Éloi, dans son palais, mais qui ensuite prit un si grand développement qu'il peut être regardé comme le plus considérable de ces temps anciens.

La bienheureuse sainte Aure règne aujourd'hui au plus haut des cieux, placée sur un des trônes les plus resplendissants de gloire, à la droite de Jésus, le divin Rédempteur, parce que sur la terre, sa vie était déjà une vie véritablement céleste, et que, dès ses années les plus tendres, et les plus voisines de l'enfance, elle persévéra dans la pratique de la plus inviolable pureté, de la prière et de toutes sortes de bonnes œuvres. Quand le temps de ses travaux fut fini et que sa tâche eut été accomplie, elle fut admise triomphante, au sein du repos éternel, et après les tribulations de cette vie de chagrins et de larmes, elle est enivrée d'un torrent de délices dans le séjour de l'immortalité.

La mémoire de sainte Aure, à laquelle l'Église a élevé des autels, a toujours été en grande vénération dans la ville de Paris dont elle était autrefois la seconde patronne. Aussi, dans les litanies des Saints, son nom se trouve-t-il inscrit immédiatement après celui de sainte Geneviève, *sancta Aurea, ora pro nobis.* Elle a de tout temps été invoquée avec confiance par les parisiens, dans les jours de calamités publiques et de maladies générales. Les familles pieuses ont eu aussi, dans tous les temps, recours à son intercession, quand quelques-uns de leurs membres étaient malades.

Plusieurs guérisons miraculeuses ont été opérées par sa protection. Les limites de notre travail ne nous permettent pas de les citer ; mais nous voudrions faire passer dans tous les cœurs la confiance que nous avons en la protection de cette grande Sainte que le vocable de saint Éloi appelait naturellement pour seconde patronne de notre église naissante, parce qu'elle est toujours toute-puissante auprès de Dieu, surtout en faveur des malades, des cœurs affligés et des âmes attristées. Aussi, depuis sa mort, combien de personnes qui l'ont invoquée avec foi et confiance n'ont-elles pas obtenu de Dieu, par son intercession, les grâces demandées? Pourquoi n'obtiendrions-nous pas, nous-mêmes, les effets de sa bienveillance d'autrefois? Plaçons donc, en elle, nos espérances, comme nos pères dans la foi, et, comme eux nous ressentirons les conséquences de sa protection.

Aure fut enterrée avec ses cent soixante religieuses auprès de cette église de Saint-Paul que, de concert avec saint Éloi, elle avait fait bâtir. Cinq ans après, on transporta ses reliques en ville. Elles furent déposées dans l'église de Saint-Martial.

En 1629, Mgr François de Gondi, premier archevêque de Paris, donna le monastère de Saint-Martial, dit encore de Saint-Éloi à cause de son fondateur, aux clercs réguliers de Milan, et connus sous le nom de Barnabites.

On fit une translation solennelle des reliques de sainte Aure, le 3 avril 1402, on les renferma dans une nouvelle châsse et on les transporta processionnellement dans l'église de Saint-Paul, d'où plus tard on les rapporta au monastère de Saint-Martial. C'est là que, chaque année, on lui rendait le culte autorisé par l'église, le jour de sa fête et pendant l'octave. On découvrait cette châsse qui était à côté du grand hôtel des Barnabites, et on l'exposait à la vénération des fidèles en trois circonstances particulières de l'année, savoir: le jour de sa fête, et les jours des deux fêtes de saint Éloi.

Les historiens de Paris assurent que souvent, cette grande ville a éprouvé les effets de la protection de cette sainte abbesse.

Voir la vie de saint Éloi par saint Ouen, *Quetis vita et miracula sanctæ Aureæ*; Dubois, historien ecclésiastique de Paris, tome 1ᵉʳ et les autres historiens de Paris.

Le monastère de sainte Aure fut supprimé en 1790, à l'époque de cette déplorable révolution qui, détournée de sa marche naturelle de réformes sages et nécessaires, et entraînée par de faux philosophes, ou par d'ambitieux politiques, porta une main sacrilége sur l'Église et ses institutions qu'elle voulut, mais en vain, modifier à sa façon.

L'église donnée aux Barnabites qui se trouvait en face le palais de justice, après avoir eu différentes destinations, était devenue le dépôt de certains papiers inutiles, puis des vêtements de réforme des militaires; elle a été détruite l'année dernière pour faire place à une caserne de gendarmerie. Le portail de ladite église a été transféré, pierre par pierre, à l'église de Saint-Séverin où il a été rétabli, dans son entier, à l'une des portes latérales.

Glorieuse Sainte-Aure, vous en qui nous avons la même confiance que nos aïeux et sous la protection de laquelle nous sommes placés, veillez sur nous, priez pour nos malades, consolez-nous dans nos tristesses et dans nos affections, faites que nous marchions sur vos traces et qu'un jour, nous soyons, comme vous, couronnés dans les cieux.

L'abbé A. DENYS,
Curé de Saint-Éloi.

CLICHY. — Imprimerie MAURICE LOIGNON et Cⁱᵉ, rue du Bac-d'Asnières, 12.

ARMORIAL

DE

L'ÉPISCOPAT FRANÇAIS AU XIXe SIÈCLE

BIOGRAPHIES

DES ÉVÈQUES DE FRANCE

depuis 1801 jusqu'à nos jours

Par une réunion d'écrivains ecclésiastiques et laïques,
illustrées de l'armorial de chaque prélat,

sous la présidence

DE M. L'ABBÉ DENYS

PREMIER CURÉ DE LA PAROISSE DE SAINT-ÉLOI, A PARIS

*Des cinquante biographies publiées trente sont dues à la
plume de M. l'abbé Denys.*

L'ouvrage paraît par séries ou fascicule de 36 pages
grand in-4°, au prix de 35 centimes.

six fascicules sont parus.

COURCIER, éditeur, boulevard Saint-Michel, 13.

Se trouve chez l'Auteur, rue de Neuilly, 36.

ÉCHOS DE L'AME

MÉDITATIONS RELIGIEUSES

(traduit du portugais)

Publié par M. le Curé de Saint-Éloi.

CLICHY. — Imprimerie MAURICE LOIGNON et Cie, rue du Bac-d'Asnières, 12.

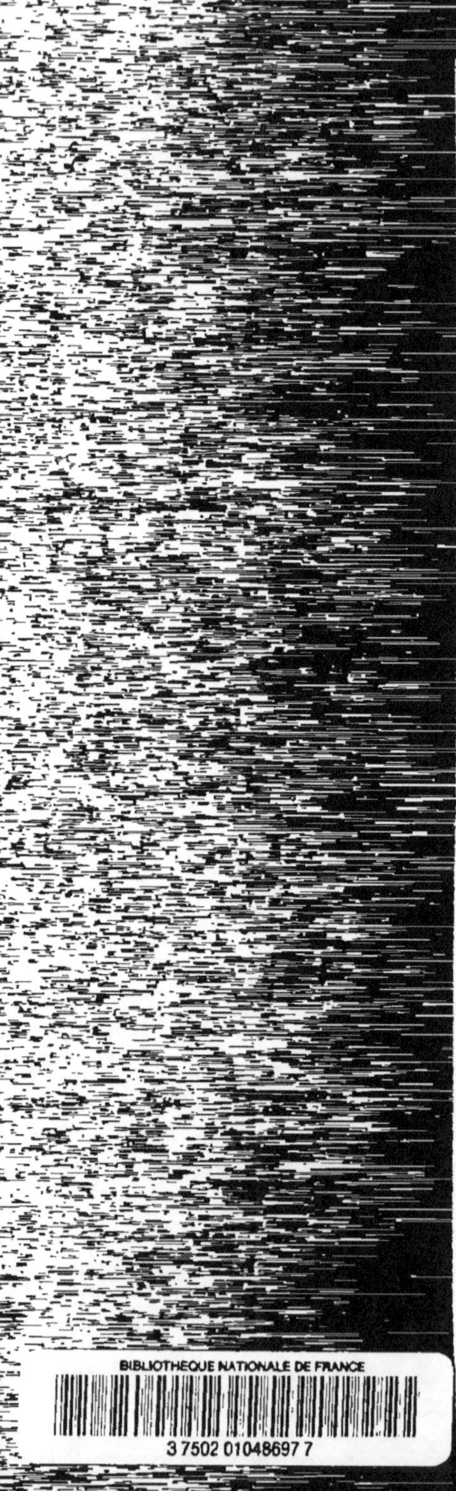